# BEI GRIN MACHT SICH IHR WISSEN BEZAHLT

Christian Roos

# Medienpädagogik, Medienkompetenz, Medienbildung

**Eine Analyse von Abhängigkeits- und Abgrenzungsverhältnissen**

GRIN Verlag

**Bibliografische Information der Deutschen Nationalbibliothek:**

Die Deutsche Bibliothek verzeichnet diese Publikation in der Deutschen National-
bibliografie; detaillierte bibliografische Daten sind im Internet über http://dnb.d-
nb.de/ abrufbar.

**Impressum:**

Copyright © 2011 GRIN Verlag GmbH
Druck und Bindung: Books on Demand GmbH, Norderstedt Germany
ISBN: 978-3-640-94143-8

**Dieses Buch bei GRIN:**

http://www.grin.com/de/e-book/173880/medienpaedagogik-medienkompetenz-
medienbildung

**GRIN - Your knowledge has value**

Der GRIN Verlag publiziert seit 1998 wissenschaftliche Arbeiten von Studenten, Hochschullehrern und anderen Akademikern als eBook und gedrucktes Buch. Die Verlagswebsite www.grin.com ist die ideale Plattform zur Veröffentlichung von Hausarbeiten, Abschlussarbeiten, wissenschaftlichen Aufsätzen, Dissertationen und Fachbüchern.

**Besuchen Sie uns im Internet:**

http://www.grin.com/

http://www.facebook.com/grincom

http://www.twitter.com/grin_com

Universität Leipzig
Institut für Kommunikations- und Medienwissenschaft
Modul: 06-05-116 Medienpädagogik
Seminar: Medienpädagogik – Begriff und Geschichte
Wintersemester 2010/2011

# MEDIENPÄDAGOGIK, MEDIENKOMPETENZ, MEDIENBILDUNG –

## Eine Analyse von Abhängigkeits- und Abgrenzungsverhältnissen

**Hausarbeit**

**Christian Roos**

B.A. Kommunikations- und Medienwissenschaft
3. Fachsemester

Abgabe: 01.03.2011

# Inhaltsverzeichnis

# 0 Einleitung

„Medienpädagogen sind eine Art eierlegende Wollmilchsau. Sie sind für alles zuständig."[1] In diesem Zitat aus einem Vortrag von Thorsten Lorenz wird bereits deutlich, dass der Beruf des Medienpädagogen in der Praxis kein eindeutig abgrenzbares Berufsbild darstellt. Vielmehr zeigt sich auch in der Theorie, dass die Medienpädagogik einen umfassenden Anspruch an ihre Disziplin erhebt. Dieser ergibt sich aus einer engen Verflechtung der Wissenschaftsfelder der Erziehungswissenschaft, Kommunikations- und Medienwissenschaft sowie Psychologie. Eine eindeutige Trennung voneinander erweist sich in der medienpädagogischen Betrachtung als schwer.

Im Folgenden soll die Aussage von Thorsten Lorenz, die auf die Komplexität der medienpädagogischen Disziplin hinweist, genauer analysiert und hinsichtlich ihrer saloppen Aussage revidiert werden. Doch wird der Schwerpunkt dieser Arbeit nicht allein auf der Analyse der Medienpädagogik liegen. Insbesondere wird die Frage zu behandeln sein, inwiefern sich die Beziehung zwischen der Medienpädagogik, Medienkompetenz und Medienbildung gestaltet.

Im ersten Kapitel werden die einzelnen Termini als Grundbausteine der medienpädagogischen Disziplin dargestellt. Zunächst sollen diese unter Einbezug von einschlägigen Werken der Medienpädagogik kurz definiert werden. Dabei wird insbesondere auf die spezifischen Eigenheiten und die Verbindung zur Umsetzung in der medienpädagogischen Praxis einzugehen sein.

Im zweiten Kapitel gilt es zu untersuchen, ob diese Termini in einer bedingenden Beziehung zueinander stehen oder ob eine klare Abgrenzung voneinander vorgenommen werden kann. Zudem wirft sich die Frage auf, ob eine Abgrenzung von nur jeweils zwei Begriffen, beispielsweise der Medienpädagogik und Medienbildung, oder auch in einem größeren Rahmen möglich ist. Deshalb erscheint interessant es in diesem Zusammenhang zu analysieren, ob gar von einem Dreiecksverhältnis zwischen der Medienpädagogik, -kompetenz und -bildung gesprochen werden kann und inwiefern sich dieses gestaltet.

Diese Analyse soll klar auf der Gegenüberstellung von Ansichten und dem Diskurs verschiedener Autoren aufbauen, die sich zu den Verhältnissen in der

---

[1] Lorenz, Thorsten: Das Chaos der Medienpädagogik. Vom Mythos einer universellen Medienkompetenz 2000, S. 2. URL: http://www.ph-heidelberg.de/wp/lorenz/ChaosderMedienkompetenz1.pdf. [letzter Zugriff: 21.02.2011].

medienpädagogischen Disziplin geäußert haben. Daraus werden wiederum Schlüsse auf die unterschiedlichen Konstellationen in der Beziehung der medienpädagogischen Termini möglich sein.

In der Gesamtheit soll die Analyse einen differenzierten Standpunkt zur Thematik ermöglichen und unter anderem exemplarisch darstellen, welcher großen Bedeutsamkeit der eindeutige Definitionsansatz einer wissenschaftlichen Disziplin widerfährt. Ein weiteres Ziel dieser Arbeit wird der Ansatz sein, eine eigene Hierarchie aufzustellen und diese in ihrem komplexen Aufbau zu begründen. Dabei soll anhand der geführten Analyse, eine Einordung der Termini Medienpädagogik, -kompetenz und -bildung innerhalb ihrer Wertigkeit für die medienpädagogische Disziplin erfolgen.

# 1 Definitionsansätze als Grundbausteine der medienpädagogischen Disziplin

Eine exakte und feststehende Definition gilt als Grundbaustein einer wissenschaftlichen Disziplin. In der Medienpädagogik existieren in der Profilfindung immer noch offene Stellen beziehungsweise Ungenauigkeiten. Aus diesem Grund soll in diesem Kapitel das Fundament, für die sich im zweiten Kapitel anschließende medienpädagogische Analyse der Beziehungen zwischen den jeweiligen Termini gelegt werden. Einzig so kann ein sicherer Umgang beispielsweise in der Gegenüberstellung der Termini gewährleistet werden.

Deshalb gilt es zu untersuchen, welche Definitionsansätze renommierte Medienpädagogen für die Termini Medienpädagogik, Medienkompetenz und Medienbildung im medienpädagogischen Diskurs gebrauchen. Die Analyse der einzelnen Termini soll nur in kurzer und kompakter Form erfolgen, da ansonsten der inhaltliche Rahmen dieser Arbeit gesprengt würde.

## 1.1 Medienpädagogik

Zunächst lassen sich in der Medienpädagogik drei große Richtungen unterscheiden. Es handelt sich hierbei um die normative Medienpädagogik als Weiterführung der Bewahrpädagogik, die technologische Medienpädagogik und die handlungsorientierte Medienpädagogik. Diese verfolgen aufgrund unterschiedlicher Ausrichtungen auch verschiedene Defintionsansätze.[2]

Da die handlungsorientierte Medienpädagogik im medienpädagogischen Diskurs die aktuell wichtigste Richtung darstellt, soll sich die Analyse darauf stützen.

Als Vertreter der handlungsorientierten Medienpädagogik erwartet Bernd Schorb vom Profil der Medienpädagogik, dass dieses fest im sozialen Raum verankert ist und zwischen Medienhandeln und Medienalltag vermittelt. Sie analysiert die inhaltlichen und funktionalen Bedingungen der Medien, deren Einsatzmöglichkeiten und gesellschaftliche Konsequenzen für die Rezipienten.[3]

Dieter Baacke sieht die Medienpädagogik als übergeordnete Kategorie, die all das pädagogische Wirken, welches in theoretischer oder praktischer Form mit Medien

---

[2] Vgl. Schorb, Bernd: Medienalltag und Handeln. Medienpädagogik im Spiegel von Geschichte, Forschung und Praxis. Opladen: Leske + Budrich 1995, S. 50 ff.
[3] Vgl. Hüther, Jürgen; Schorb, Bernd (Hrsg.): Grundbegriffe Medienpädagogik. München: kopaed 2005, S. 265 ff.

in Verbindung steht, umfasst. Ebenfalls greift auch Baacke insbesondere den sozialen Charakter der Medienpädagogik auf, indem er

> „alle sozialpädagogischen, sozialpolitischen und sozialkulturellen [...] Angebote für Kinder, Jugendliche, Erwachsene [und alte Menschen], die ihre kulturellen Interessen [...] und Entwicklungschancen [in Beruf, Freizeit und Familie], sowie ihre [...] politischen Ausdrucks- und Partizipationsmöglichkeiten betreffen"[4]

mit einbezieht.

Uwe Sander definiert die Medienpädagogik als keine selbstständige Disziplin, sondern als einen Teil der Erziehungswissenschaft, die einen medialen Bezug hat. Sander sieht einen enormen Schwerpunkt der Medienpädagogik in den Unterrichtsmedien wie beispielsweise dem Einsatz von Büchern oder den Neuen Medien in schulischen oder universitären Einrichtungen.[5] Medien sind insbesondere für die Medienpädagogik von Interesse, wenn die

> „Funktion[en] von Information, [...] Unterhaltung, Unterrichtung und Strukturierung des Alltags auf die Erziehung, Bildung [beziehungsweise] Sozialisation von Menschen Bedeutung erlangen"[6].

Somit soll die Medienpädagogik zu einem kompetenten Umgang mit den Medien verhelfen. Das von Sander initiierte Projekt *Schulen ans Netz*[7] ist ein Beispiel für praktische Umsetzung und den Einsatz von aktiver Medienarbeit.

## 1.2 Medienkompetenz

Bernd Schorb definiert den Begriff der Medienkompetenz als

> „die Fähigkeit, sich Medien auf [der] Basis strukturierten zusammenschauenden Wissens und einer ethisch fundierten Bewertung der medialen Erscheinungsformen und Inhalte anzueignen"[8].

Bereits an diesem Definitionsansatz Schorbs wird deutlich, dass in der Medienkompetenz insbesondere die mediale Wissensaneignung und deren reflexiv-kritische Bewertung oberste Priorität erfährt. Diese Kritikfähigkeit gegenüber den Medien schließt sowohl ein, mediale Erscheinungsformen genussvoll und zugleich begründet zu rezipieren oder sie eben auch bewusst kritisch abzulehnen.

---

[4] Baacke, Dieter: Medienpädagogik. Tübingen: Niemeyer 2007, S. 5.
[5] Vgl. Sander, Uwe: Einführung in die Medienpädagogik. Modul: Grundlagen II, Lerneinheit: Einführung in die Medienpädagogik. Rostock: Univ.-Verl. 2003, S. 3f.
[6] Sander, Uwe 2003, S. 3f.
[7] Nähere Informationen finden sich auf der Internetseite: http://www.schulen-ans-netz.de/.
[8] Schorb, Bernd: Gebildet und kompetent. Medienbildung statt Medienkompetenz? 2009, S. 1. URL:                                    http://www.mediaculture-online.de/fileadmin/bibliothek/schorb_gebildet/schorb_gebildet.pdf. [letzter Zugriff: 22.02.2011].

An dieser Stelle soll insbesondere Schorbs bewährtes Medienkompetenzmodell, welches die Medienkompetenz als eine Basisqualifikation beschreibt, zur weiterführenden Definitionsanalyse herangezogen werden.

Schorb nimmt eine Dreiteilung des Medienkompetenzbegriffes in die Bereiche Wissen, Bewerten und Handeln vor. Im Idealfall werden diese drei Fähigkeiten miteinander vereint. Dieses Modell legt den Schwerpunkt speziell auf das Medienhandeln, welches „ja eigentlich eine zentrale pädagogische Dimension"[9] sei.

Das Medienwissen besteht aus dem Funktions-, Struktur- und Orientierungswissen. Das Ziel der Medienbewertung liegt darin, mediale Erscheinungsformen in gestalterischer und struktureller Form zu erfassen. Der Rezipient soll die Wirkung der Medien nach ethischen Gesichtspunkten kritisch reflektieren und zu einem eigenen Standpunkt befähigt werden. Mithilfe der Medienbewertung gelingt es dem Rezipienten eine Strukturierung medialer Angebote vorzunehmen. Eine analytisch-evaluierte Prüfung der Medien ist notwendig, um „autonomes Denken und Handeln zu sichern"[10] und kann im Idealfall zu demokratischer Kompetenz führen. Dies ist eine Form der Medienkompetenz, die in das Sozialsystem integriert ist.[11]

Das Medienhandeln zählt die reflexiv-praktische Medienaneignung, aktive Mediennutzung, Mediengestaltung und die Medienpartizipation zu ihren Aufgabenbereichen.[12]

Allerdings darf in diesem Zusammenhang nicht außer Acht gelassen werden, dass der Medienkompetenzbegriff sich keinesfalls nur auf die Medien beschränkt, sondern insbesondere im gesellschaftlichen und sozialen Gefüge seinen vollen Geltungsbereich erfährt.[13]

Die Medienkompetenz basiert auf einer gesellschaftstheoretischen Theorie, der sogenannten kommunikativen Kompetenz. Dieser Begriff wurde 1973 von Dieter Baacke in den medienpädagogischen Diskurs gebracht. Baacke bezog sich wiederum auf das Modell von Jürgen Habermas aus dem Jahr 1971. Danach ist dieser Begriff als das Potential zu sehen, durch welches

---

[9] Schorb, Bernd 2009, S. 3.
[10] Ebd., S. 6.
[11] Vgl. ebd., S. 5 f.
[12] Vgl. ebd., S. 6 f.
[13] Vgl. Schorb, Bernd: Medienkompetenz. In: Hüther, Jürgen; Schorb, Bernd (Hrsg.): Grundbegriffe Medienpädagogik. München: kopead 2005, S. 257 ff.

„die Vermittlung kommunikativer Kompetenz den Menschen [befähigt],
Kommunikation in Form und Inhalt reflektierend und bewusst so zu nutzen, dass er,
mit oder ohne [Medieneinsatz] seine Lebenswelt handelnd mit gestaltet"[14].

Als Fazit kann somit resümiert werden, dass ein Mensch medienkompetent ist,
wenn er einen begründet genussvollen, aber auch kritisch-reflexiven Umgang mit
Medien pflegt. Zudem sollte er eine kreative Gestaltung der Medien bezüglich
inhaltlicher und ästhetischer Gesichtspunkte vornehmen, seine Verantwortung im
sozialen Gefüge wahrnehmen und sich an der gesellschaftlichen Kommunikation
beteiligen.[15]

## 1.3 Medienbildung

Zunächst sollte festgehalten werden, dass die Medienbildung einen relativen
neuen Terminus in der medienpädagogischen Diskussion darstellt. Da der
Bildungsbegriff noch relativ unbestimmt ist, gestaltet es sich auch schwierig, die
Medienbildung eindeutig zu definieren.

Winfried Marotzki und Benjamin Jörrisen definieren die Medienbildung als „die
in und durch Medien induzierte strukturale Veränderung von Mustern des Welt-
und Selbstbezugs"[16]. Dieser Ansatz findet sich in ihrer Strukturalen
Bildungstheorie wieder.

Danach findet Bildung in Bildungsprozessen und Bildungsräumen beispielsweise
in der Schule statt. Medien erfahren in diesem Kontext eine artikulierende und
manifestierende Funktion von Erfahrungen und Ansichten. Demnach wird das
Ziel angestrebt, Orientierungswissen herzustellen. Mediale Räume stellen sich in
diesem Kontext als soziale Räume der Begegnung heraus, in denen Artikulation
notwendig wird. Zentrale Aspekte nehmen in der bildungstheoretischen
Betrachtung insbesondere die Begriffe Orientierung, Flexibilisierung, Tentativität
und Alterität ein.[17]

Dieter Spanhel definiert die Medienbildung als einen „lebenslange[n] Prozess, in
dem Heranwachsende und Erwachsene eine kritische Distanz zu Medien aufbauen

---

[14] Schorb, Bernd: Medienkompetenz. In: Hüther, Jürgen; Schorb, Bernd (Hrsg) 2005, S. 257.
[15] Vgl. Schorb, Bernd 2009, S. 7.
[16] Marotzki, Winfried; Jörisen, Benjamin: Wissen, Artikulation und Biografie: theoretische
Aspekte einer Strukturalen Medienbildung. In: Fromme, Johannes, Sesink, Werner (Hrsg.):
Pädagogische Medientheorie. Wiesbaden: VS Verl. für Sozialwissenschaften 2008, S. 67.
[17] Vgl. Marotzki, Winfried; Jörisen, Benjamin: Medienbildung. In: Sander, Uwe; Gross,
Frederike; Hugger, Kai-Uwe (Hrsg.): Handbuch Medienpädagogik. Wiesbaden: VS Verl. für
Sozialwissenschaften 2008, S. 100 ff.

und eine Verantwortungshaltung im Umgang mit ihnen einnehmen"[18] sollen. Spanhel verfolgt im Gegensatz zu Marotzki und Jörrisen eine systemtheoretische Betrachtungsweise der Medienbildung.

Diesem Ansatz zufolge finden in Bildungsräumen Bildungsprozesse statt, die mithilfe von Medieneinsatz zwischen der Innen- und Außenwelt, das heißt zwischen dem psychischen System des Menschen und seiner sozialen Umwelt interagieren. Spanhel vertritt die These, dass ohne Medienbildung auch keine Bildung möglich wäre, denn diese Interaktionsprozesse seien immer an Medien gebunden. Dabei könne die reflexive Auseinandersetzung mit Bildungsinhalten nur durch den Einsatz von Sprache geschehen.[19]

In den letzten Jahren wurden die Forderungen immer lauter, dass im medienpädagogischen Diskurs, der Begriff der Medienbildung den Medienkompetenzbegriff ablösen müsse. Ob diese Forderung gerechtfertigt ist, wird unter anderem im zweiten Kapiteln zur Diskussion stehen.

## 2 Abhängigkeits- und Abgrenzungsverhältnisse

In diesem Kapitel sollen die Beziehungen zwischen den eben definierten Termini analysiert werden. Zu Beginn werden nacheinander jeweils zwei Termini gegenübergestellt. In diesem Zusammenhang kann die These aufgestellt werden, dass zwischen diesen sowohl Abhängigkeits- als auch Abgrenzungsverhältnisse vorhanden sind.

Den letzten Analysepunkt wird die Diskussion einer möglichen dreiecksförmigen Konstellation einnehmen. Daraus resultiert die These, dass eine Dreiecksbeziehung zwischen den Termini Medienpädagogik, Medienkompetenz und Medienbildung existiert, die auf dem Prinzip eines aufbauenden Verhältnisses basiert. Zur Diskussion der Thesen werden Ansichten verschiedener Medienpädagogen herangezogen, die das pro und contra gegenüberstellen sowie aus einem differenziertem Standpunkt heraus die einzelnen Beziehungen der Termini zueinander beleuchten.

---

[18] Schorb, Bernd 2009, S. 8.
[19] Vgl. Spanhel, Dieter: Bildung in der Mediengesellschaft. Medienbildung als Grundbegriff der Medienpädagogik. In: Bachmair, Ben (Hrsg.): Medienbildung in neuen Kulturräumen. Die deutschsprachige und britische Diskussion. Wiesbaden: VS Verl. für Sozialwissenschaften 2010, S. 45 ff.

## 2.1 Beziehung von Medienpädagogik und Medienkompetenz

Das Verhältnis von Medienpädagogik und Medienkompetenz ist innerhalb des wissenschaftlichen Diskurses sicher am Wenigsten umstritten. Medienpädagogik stellt die oberste Kategorie dar und Medienkompetenz ist ein unentbehrliches Mittel zum Erreichen einer funktionsfähigen medienpädagogischen Disziplin. Dennoch lassen sich auch an dieser Stelle im wissenschaftlichen Diskurs unterschiedliche Auffassungen feststellen.

Dieter Baacke sieht die Verwendung der Medienkompetenz als den wichtigsten Baustein im medienpädagogischen Diskurs durchaus kritisch.

In seiner Betrachtung lehnt sich Baacke an Jürgen Habermas an[20], indem er die Medienkompetenz als einen Teil der kommunikativen Kompetenz sieht. Als Problem stellt sich heraus, dass die Medienkompetenz oftmals mit offenen Fragen behangen ist.

Baacke spricht in dieser Diskussion von einer „pädagogische[n] Unspezifität"[21], da es sich bei diesem Termini nicht um eine traditionelle Ableitung aus dem medienpädagogischen Begriffsrepertoire handeln würde, wie es beispielsweise bei der Erziehung oder Bildung der Fall ist. Deswegen sei Medienkompetenz in dieser Diskussion auch „zu wenig in der Lage, [...] einen genuin pädagogischen Grundgedankengang zum Ausdruck zu bringen"[22].

Es wird deutlich, dass an dieser Stelle konkrete Ziele und Methoden in der Lernpraxis fehlen. Um diesem Trend entgegen zu wirken, sollte die Wissenskluft durch Medienkompetenzen gezielt gefördert werden. Denkbar wäre an dieser Stelle beispielsweise das Erarbeiten von Medienkompetenz durch Projektarbeiten.

Auch Christine Wijnen erkennt ähnliche Ansätze. Wijnen vertritt ebenfalls den Standpunkt, dass der Kompetenzbegriff ähnlich wie die Medienpädagogik in ihrer begrifflichen Beschaffenheit noch zu unklar definiert sei. Dennoch seien „vereinzelte neuere Versuche Medienkompetenz durch de[n] Begriff media literacy zu ersetzen [...] dabei kontraproduktiv"[23], denn dieser Begriff sei zu eng

---

[20] Vgl. Kapitel 1.2.

[21] Baacke, Dieter: Medienkompetenz – Begrifflichkeit und sozialer Wandel. In: von Rein, Antje (Hrsg.): Medienkompetenz als Schlüsselbegriff. Bad Heilbrunn: Julius Klinkhard Verl. 1996, S. 120.

[22] Hugger, Kai-Uwe: Medienkompetenz. In: Sander, Uwe; von Gross, Frederike; Hugger, Kai-Uwe (Hrsg.): Handbuch Medienpädagogik. Wiesbaden: VS Verl. für Sozialwissenschaften 2008, S. 96.

[23] Schorb, Bernd 2009, S. 9.

gefasst und beschreibe eher Prozesse der Medienkunde.[24] Der Medienkompetenzbegriff umfasst somit mehr als nur das Wissen um die inhaltliche Beschaffenheit der Medien.

Zudem nimmt die ungenaue theoretische Grundlegung der Medienpädagogik als wissenschaftliche Disziplin einen wesentlichen Kritikpunkt ein. Zweifelsohne erschwert dies auch den Medienkompetenzbegriff in Beziehung zur Medienpädagogik zu setzen. Zu oft wird die Medienpädagogik mit einer pragmatischen Instruktionspädagogik oder einer normativen Bewahrpädagogik gleichgesetzt[25] – aufgrund der teilweise immer noch lückenhaften wissenschaftlichen Profilfindung.

Zukünftig wird es demnach entscheidend sein, beide Termini in den Diskurs einzubeziehen ohne das gemeinsame Fundament der Medienpädagogik zu vergessen. Vielmehr muss insbesondere auf die gemeinsamen Verbindungen zwischen der Medienpädagogik und Medienkompetenz großen Wert gelegt werden, um unnötige Streitfragen unter den Medienpädagogen zu beenden.

## 2.2 Beziehung zwischen Medienkompetenz und Medienbildung

In den medienpädagogischen Diskussionen der 90er Jahre wurden insbesondere vermehrt Stimmen von Vertretern aus der Erziehungswissenschaft laut, dass der Medienkompetenzbegriff durch den der Medienbildung abgelöst werden müsse, da sich beide Termini sogar konträr gegenüber ständen.[26]

In diesem Trend erfuhr die Medienbildung einen großen Anklang, da sie

> „als integraler Bestandteil von Allgemeinbildung, als wichtiger Aspekt der Persönlichkeits- und Menschenbildung, als Kompetenz für Weltaneignung, als Habitus und persönlichkeitsbestimmende Haltung gegenüber den neuen Medien"[27]

erhoben wurde.

Auch Manfred Marotzki vertritt den Standpunkt, dass innerhalb der Medienpädagogik der Medienkompetenzbegriff von der Medienbildung abgelöst werden müsse. Problematisch gestalte sich, dass die Medienkompetenz oftmals nur auf funktionales und technisches Wissen beziehungsweise Verfügungswissen reduziert wird. Marotzki sieht in der Medienkompetenz einen zu einfältigen

---

[24] Vgl. Schorb, Bernd 2009, S. 10.
[25] Vgl. ebd.
[26] Vgl. Hüther, Jürgen; Schorb, Bernd (Hrsg) 2005, S. 274.
[27] Hüther, Jürgen; Schorb, Bernd (Hrsg.) 2005, S. 274.

Begriff, der dem Denken und Handeln in der Medienpädagogik nicht gerecht werden könne.[28]

Des Weiteren stehe der Aspekt der Wissensvermittlung in den Konzepten der Medienkompetenz zu stark im Vordergrund. Beispielsweise bedürfe es für Kinder in sozialen Bildungsräumen wie der Schule oftmals weniger Lernmodelle zum Erlangen von Medienkompetenzen, da diese sich in vielen Fällen durch den außerschulischen Kontakt automatisch mediale Erscheinungsformen aneignen würden.[29]

Ein großer Vorteil der Medienbildung ist sicherlich, dass auch der Begriff des Orientierungswissens mit eingeschlossen wird. Zudem ist

> „pädagogisches Handeln im Sinne einer Medienbildung notwendig [...], um das zufällig erworbene Wissen und Können, das im Alltag erreicht wurde, zu systematisieren und zu ergänzen"[30].

Diese Problematik wird beispielsweise sichtbar, wenn es um den professionellen Medienumgang geht. Damit sind unter anderem das Bearbeiten von Videosequenzen oder das Erstellen von Präsentationen für den Schulunterricht gemeint.

Allerdings besteht das Problem eines ungenauen Definitionsprofils sowohl in der Medienbildung als auch in der Medienkompetenz. Dadurch wird nicht nur die Entscheidung für den passenderen Terminus, sondern auch die gesamte medienpädagogische Forschung erschwert. Deswegen sollte die Entwicklung hin zur Medienbildung und weg von der Medienkompetenz oder ein vermeintlicher Widerspruch zwischen beiden Termini in Frage gestellt werden.

Einen solchen Ansatz findet sich in den Überlegungen Dieter Spanhels wieder. Er argumentiert, dass es keinesfalls einen Widerspruch zwischen beiden Termini geben müsse. Im Gegenteil vertritt er die These, dass „Medienkompetenz [...] als die Schrittfolge auf dem Weg zur Medienbildung gekennzeichnet werden"[31] müsse. Spanhels Ansicht impliziert somit eine aufbauende und ergänzende Beziehung zwischen beiden Begriffen.

Insofern würde auch die Sicht eines unzureichenden Terminus von Medienkompetenz und eine künstliche Trennung zwischen der Medienkompetenz

---

[28] Vgl. Schorb, Bernd 2009, S. 2.
[29] Vgl. Moser, Heinz: Einführung in die Medienpädagogik. Aufwachsen im Medienzeitalter. Wiesbaden: VS Verl. für Sozialwissenschaften 2006. S. 225.
[30] Moser, Heinz 2006, S. 226.
[31] Schorb, Bernd 2009, S. 8.

und Medienbildung widerlegt werden. Außerdem könnten bei der weiteren Differenzierung viele Merkmale der Medienbildung auch in Konzepten der Medienkompetenz entdeckt werden.[32]

Ferner lassen sich sogar bedingende Beziehungen feststellen.

Nach Spanhel sei die Medienbildung als lebenslanger Prozess zu verstehen, der zu einer kritischen Distanz zu den Medien und deren verantwortungsvollen Umgang mahnt[33]. Die Medienkompetenz sei

> „in diesem Kontext [im Zusammenwirken] mit anderen Kompetenzen [wie beispielsweise der] Sozial-, Fach- oder Selbstkompetenz [als] eine[ ] wesentliche[ ] Voraussetzung für [die] Persönlichkeitsbildung"[34]

zu sehen, denn die Bildung lebe von der Existenz der Medienkompetenz.

Bereits an dieser Stelle kann der zu Beginn aufgestellten These, dass es bedingende Beziehungen in der medienpädagogischen Betrachtung gibt, zugestimmt werden. Umstritten ist jedoch, ob die Medienbildung sogar einen entscheidenden Aspekt der Allgemeinbildung ausmacht. Allerdings erscheint es im jetzigen Diskurs unvermeidbar, den Begriff der Medienkompetenz mit den drei großen Dimensionen des Denkens, Bewertens und Handels in Beziehung zu setzen[35].

Als Fazit dieses Kapitels kann festgehalten werden, dass beide Termini keinesfalls in einem Widerspruch stehen, sondern eher integrativ zu betrachten sind. Bezieht sich die Medienbildung insbesondere auf ein kritisches, reflexives und selbstgesteuertes Medienverhalten des Individuums, so stützt sich die Medienkompetenz beispielsweise auf ein vielseitiges Modell der Medienkunde, -kritik, -gestaltung und -nutzung. Es sollten deshalb im wissenschaftlichen Diskurs immer beide Seiten analysiert werden.[36]

Somit ist schlussfolgernd festzustellen, dass der Innovativwert der Medienbildung im Diskurs der letzten Jahre zu hoch eingeschätzt wurde und deshalb ein Verdrängen der Medienkompetenz durch den Termini der Medienbildung unangebracht ist.

---

[32] Vgl. Schorb, Bernd 2009, S. 8.
[33] Vgl. Kapitel 1.3.
[34] Spanhel, Dieter: Medienerziehung. Erziehungs- und Bildungsaufgaben in der Mediengesellschaft. Stuttgart: Klett-Cotta 2006, S. 189.
[35] Vgl. Kapitel 1.2.
[36] Vgl. Hugger, Kai-Uwe: Medienkompetenz. In: Sander, Uwe; von Gross, Friederike; Hugger, Kai-Uwe (Hrsg.) 2008, S. 97.

## 2.3 Beziehung zwischen Medienpädagogik und Medienbildung

Nach der Analyse des Verhältnisses von Medienpädagogik und Medienkompetenz sowie Medienkompetenz und Medienbildung folgt nach steigender Gewichtung zueinander, die dritte Konstellation. Es handelt sich um die Beziehung der Medienpädagogik zur Medienbildung.

Dieter Spanhel betont, dass die „Medienbildung [...] als Grundbegriff der Medienpädagogik"[37] anzusehen sei.

So können beispielsweise empirische Forschungsergebnisse aus der Medienbildung zu neuen Erkenntnissen in der Medienpädagogik- und Mediendidaktik führen[38].

Hingegen beurteilt Bernd Schorb die Beziehung der beiden Termini von einem anderen Standpunkt aus. Er könne vom Terminus der Medienbildung ausgehend keine neuen und innovativen Perspektiven für die medienpädagogische Diskussion erkennen. Der Begriff sei bislang sowohl in theoretischer als auch konzeptioneller Form zu wenig entwickelt[39].

Schorb sieht den Begriff der Medienkompetenz für wesentlich geeigneter und hält an diesem fest, denn dieser habe ohnehin seit den 1990er Jahren den medienpädagogischen Diskurs dominiert und vorangebracht.[40]

Laut dem Selbstverständnis der Deutschen Gesellschaft für Erziehungswissenschaft (DGfE) „sind Bildungstheorie und Medienpädagogik getrennte Theoriefelder und unterschiedlichen Sektionen zugeordnet"[41]. Diese Einordnung der DGfE verdeutlicht, dass gewisse Distanzen zwischen beiden Sektionen vorhanden sind. Dennoch sollten diese Grenzen keinesfalls starr und unveränderbar, sondern durchaus miteinander vereinbar sein.

Insbesondere die Rolle der Neuen Medien und deren Eingliederung in die Medienpädagogik wurden von den Bildungstheoretikern zu Beginn noch

---

[37] Spanhel, Dieter: Bildung in der Mediengesellschaft. Medienbildung als Grundbegriff der Medienpädagogik. In: Bachmair, Ben (Hrsg.) 2010, S. 45.

[38] Vgl. Pietraß, Manuela: Medienbildung. In: Tippelt, Rudolf; Schmidt, Bernhard (Hrsg.): Handbuch Bildungsforschung. Wiesbaden: VS Verl. für Sozialwissenschaften 2010, S. 499.

[39] Vgl. Hugger, Kai-Uwe: Medienkompetenz versus Medienbildung. Anmerkungen zur Zielwertdiskussion in der Medienpädagogik. In: Lauffer, Jürgen; Röllecke, Renate: Dieter Baacke Preis. Methoden und Konzepte medienpädagogischer Konzepte. Bielefeld: Gesellschaft für Medienpädagogik und Kommunikationskultur in der BRD 2006, S. 34.

[40] Vgl. Spanhel, Dieter: Bildung in der Mediengesellschaft. Medienbildung als Grundbegriff der Medienpädagogik. In: Bachmair, Ben (Hrsg.) 2010, S. 45.

[41] Sesink, Werner: Bildungstheorie und Medienpädagogik. Versuch eines Brückenschlags. In: Fromme, Johannes; Sesink, Werner (Hrsg.): Pädagogische Medientheorie. Wiesbaden: VS Verl. für Sozialwissenschaften 2008, S. 13.

unterschätzt. Im Gegenzug rückt die Bedeutung der Bildungstheorie beispielsweise für die medienpädagogische Forschungen ins wissenschaftliche Abseits und kann somit nur als mangelhaft eingestuft werden.[42] Das Potenzial im Zusammenspiel beider Sektionen muss unbedingt stärker wahrgenommen und in der Praxis umgesetzt werden, denn aktuelle Entwicklungen der Neuen Medien wie zum Beispiel das Web 2.0 stellen für beide Bereiche eine ernstzunehmende Herausforderung dar.

## 2.4 Dreiecksverhältnis

Die innovativste und aus wissenschaftlichem Blickwinkel wohl auch interessanteste Konstellation ergibt sich aus dem möglichen Dreiecksverhältnis zwischen Medienpädagogik, Medienkompetenz und Medienbildung. Die Eingangs aufgestellte These, dass es eine Dreiecksbeziehung der drei diskutierten Termini gibt, soll in den folgenden Ausführungen genauer analysiert werden. Wolfgang Klafki plädiert zu einer unbedingt notwendigen Kooperation von Bildungs- und Kompetenztheoretikern, denn einzig so könne der medienpädagogische Diskurs bereichert werden. Allerdings mahnt auch er das immer noch vorhandene Problem der medienpädagogischen Profilfindung an, welches wie ein Damoklesschwert über der gesamten wissenschaftlichen Disziplin hängt. Deshalb schlägt Klafki vor, ein Modell der Medienbildung aufzubauen, welches den Medienkompetenzbegriff fest einplant. Somit könne eine Ausgrenzung beider Begriffe vermieden und zugleich die Bildungstheorie gestärkt werden.[43] Dieter Spanhel bringt mit der Persönlichkeitsentwicklung noch eine weitere Dimension in die Diskussion ein. In der Dreieckskonstellation vertritt er den Standpunkt, dass „Medienkompetenz nicht das letzte Ziel der Medienpädagogik, sondern nur Mittel zum Zweck der Medienbildung als Aspekt der Persönlichkeitsbildung"[44] sei.

Die Bemühungen, die Medienbildung als Richtwert für die medienpädagogische Forschung zu integrieren, sind vorhanden. Allerdings gilt unter den Bildungstheo-

---

[42] Vgl. Sesink, Werner: Bildungstheorie und Medienpädagogik. Versuch eines Brückenschlags. In: Fromme, Johannes; Sesink, Werner (Hrsg) 2008, S. 13 f.

[43] Vgl. Schorb, Bernd 2009, S. 9 f.

[44] Spanhel, Dieter: Bildung in der Mediengesellschaft. Medienbildung als Grundbegriff der Medienpädagogik. In: Bachmair, Ben (Hrsg.) 2010, S. 50.

retikern das Profil der Medienkompetenz als klarer Kontrast zu den eigenen Absichten.[45]

Diese Ansicht erweist sich als problematisch, da die enge Verbindung der Medienkompetenz als wichtiges Ziel der Medienpädagogik unbestreitbar ist. Aus diesem Grund erfährt die Forderung nach „eine[r] bildungstheoretische[n] Grundlegung der Medienpädagogik"[46] hohe Priorität. Der Terminus der Medienkompetenz verfügt insbesondere über instrumentelles Wissen und kann somit den Ansprüchen der medienpädagogischen Disziplin alleine nicht Stand halten. Die Medienbildung stellt die passende Ergänzung dar, denn neben dem Verfügungswissen ermöglicht sie auch Orientierungswissen.[47]

Aus der geführten Diskussion wurde ersichtlich, dass der These zugestimmt werden kann. Es wurde der Beweis geführt, dass eine Dreieckskonstellation zwischen der Medienpädagogik, Medienkompetenz und Medienbildung besteht, deren Existenz jedoch enorm von den einzelnen Beziehungen untereinander abhängt.

---

[45] Vgl. Hugger, Kai-Uwe: Medienkompetenz. In: Sander, Uwe; von Gross, Friederike; Hugger, Kai-Uwe (Hrsg.) 2008, S. 96 f.

[46] Hugger, Kai-Uwe: Medienkompetenz. In: Sander, Uwe; von Gross, Friederike; Hugger, Kai-Uwe (Hrsg.) 2008., S. 96.

[47] Vgl. ebd., S. 96 f.

# 3 Synthese

Unter der Problemstellung „Medienpädagogik, Medienkompetenz, Medienbildung – Eine Analyse von Abhängigkeits- und Abgrenzungsverhältnissen" erfolgte die wissenschaftliche Auseinandersetzung mit der Thematik.

Es zeigte sich deutlich, dass die Bearbeitung dieses Themas mit einer klaren definitorischen Linie bezüglich der Termini und nicht zuletzt der medienpädagogischen Disziplin steht und fällt. An dieser Stelle wird es im wissenschaftlichen Diskurs innerhalb der Medienpädagogik auch zukünftig noch Handlungsbedarf geben, um eine eindeutige Abgrenzung der jeweiligen Termini vornehmen zu können.

Dennoch konnte in dieser Arbeit die These bestätigt werden, dass eine Abgrenzung in den verschiedenen Beziehungen zwischen der Medienpädagogik, Medienkompetenz und Medienbildung möglich ist. Des Weiteren stellte sich heraus, dass auch Abhängigkeitsverhältnisse in den unterschiedlichen Konstellationen vermehrt auftreten und diese teilweise aufeinander aufbauen.

Auch die zweite These, dass ein Dreiecksverhältnis zwischen den drei diskutierten Termini vorhanden ist, konnte bewiesen werden. Insbesondere in dieser wissenschaftlich sehr brisanten Konstellation wurde ersichtlich, dass es hinsichtlich eines aufbauenden oder ausschließenden Verhältnisses teilweise sehr konträre Ansichten im medienpädagogischen Diskurs gibt.

Dieser Diskurs zwischen Medienpädagogik, -bildung und -kompetenz ist stark ausgeprägt. Dennoch erscheint in diesem Kontext eine Kooperation zwischen Medienpädagogen, Bildungs- und Kompetenztheoretikern umso wichtiger.

Zudem konnte aus der Analyse eine eigene Einordnung beziehungsweise Standpunkt gegenüber den Konstellationen der drei Termini gewonnen werden.

Demnach ist nach Dieter Spanhel und Heinz Moser festzuhalten, dass Medienbildung als pädagogisches Handeln innerhalb der medienpädagogischen Theorie platziert ist. Deshalb bezieht sich die Medienbildung nur auf die medienpädagogische Praxis, während der Medienpädagogik auch ein forschender Charakter zukommt.

Anhand der geführten Analyse kann resümiert werden, dass die Medienbildung den Grundbegriff für die Medienpädagogik beziehungsweise den medienpädagogischen Diskurs darstellt. Medienpädagogik ist somit der übergeordnete Begriff. Die Medienkompetenz wiederum das Ziel der Medienpädagogik und deshalb auch der Medienbildung, weil diese gleichermaßen ein integrativer Bestandteil der Medienpädagogik ist.

# 4 Literaturverzeichnis

**Baacke, Dieter**: Medienkompetenz – Begrifflichkeit und sozialer Wandel. In: von Rein, Antje (Hrsg.): Medienkompetenz als Schlüsselbegriff. Bad Heilbrunn: Julius Klinkhard Verl. 1996, S. 112–124.

**Baacke, Dieter**: Medienpädagogik. Grundlagen der Medienkommunikation. Bd. 1. Tübingen: Niemeyer 2007.

**Hugger, Kai-Uwe**: Medienkompetenz versus Medienbildung. Anmerkungen zur Zielwertdiskussion in der Medienpädagogik. In: Lauffer, Jürgen; Röllecke, Renate: Dieter Baacke Preis. Methoden und Konzepte medienpädagogischer Konzepte. Bielefeld: Gesellschaft für Medienpädagogik und Kommunikationskultur in der BRD 2006, S. 29–36.

**Hugger, Kai-Uwe**: Medienkompetenz. In: Sander, Uwe; von Gross, Frederike; Hugger, Kai-Uwe (Hrsg.): Handbuch Medienpädagogik. Wiesbaden: VS Verl. für Sozialwissenschaften 2008, S. 93–99.

**Hüther, Jürgen; Schorb, Bernd** (Hrsg.): Grundbegriffe Medienpädagogik. 4., vollständig neu konzipierte Aufl. München: kopead 2005.

**Marotzki, Winfried; Jörisen, Benjamin**: Wissen, Artikulation und Biografie: theoretische Aspekte einer Strukturalen Medienbildung. In: Fromme, Johannes, Sesink, Werner (Hrsg.): Pädagogische Medientheorie. Bd. 6. Wiesbaden: VS Verl. für Sozialwissenschaften 2008, S. 51–70.

**Marotzki, Winfried; Jörisen, Benjamin**: Medienbildung. In: Sander, Uwe; Gross, Frederike; Hugger, Kai-Uwe (Hrsg.): Handbuch Medienpädagogik. Wiesbaden: VS Verl. für Sozialwissenschaften 2008, S. 100–109.

**Lorenz, Thorsten**: Das Chaos der Medienpädagogik. Vom Mythos einer universellen Medienkompetenz 2000, URL: http://www.ph-heidelberg.de/wp/lorenz/ChaosderMedienkompetenz1.pdf. [letzter Zugriff: 21.02.2011].

**Moser, Heinz**: Einführung in die Medienpädagogik. Aufwachsen im Medienzeitalter. 4., überarb. und aktualisierte Aufl. Wiesbaden: VS Verl. für Sozialwissenschaften 2006.

**Pietraß, Manuela**: Medienbildung. In: Tippelt, Rudolf; Schmidt, Bernhard (Hrsg.): Handbuch Bildungsforschung. 3. Durchgesehene Aufl. Wiesbaden: VS Verl. für Sozialwissenschaften 2010, S. 499–512.

**Sander, Uwe**: Einführung in die Medienpädagogik. Modul: Grundlagen II, Lerneinheit: Einführung in die Medienpädagogik. Rostock: Univ.-Verl. 2003.

**Schorb, Bernd**: Medienalltag und Handeln. Medienpädagogik im Spiegel von Geschichte, Forschung und Praxis. Opladen: Leske + Budrich 1995.

IV

**Schorb, Bernd**: Medienkompetenz. In: Hüther, Jürgen; Schorb, Bernd (Hrsg.): Grundbegriffe Medienpädagogik. 4., vollständig neu konzipierte Aufl. München: kopead 2005, S. 257–262.

**Schorb, Bernd**: Gebildet und kompetent. Medienbildung statt Medienkompetenz? 2009, URL: http://www.mediaculture-online.de/fileadmin/bibliothek/schorb_gebildet/schorb_gebildet.pdf [letzter Zugriff: 22.02.2011].

**Sesink, Werner**: Bildungstheorie und Medienpädagogik. Versuch eines Brückenschlags. In: Fromme, Johannes; Sesink, Werner (Hrsg.): Pädagogische Medientheorie. Bd. 6. Wiesbaden: VS Verl. für Sozialwissenschaften 2008, S. 13–35.

**Spanhel, Dieter**: Medienerziehung. Erziehungs- und Bildungsaufgaben in der Mediengesellschaft. Bd. 3 Stuttgart: Klett-Cotta 2006.

**Spanhel, Dieter**: Bildung in der Mediengesellschaft. Medienbildung als Grundbegriff der Medienpädagogik. In: Bachmair, Ben (Hrsg.): Medienbildung in neuen Kulturräumen. Die deutschsprachige und britische Diskussion. Wiesbaden: VS Verl. Für Sozialwissenschaften 2010, S. 45–58.